CW01668634

Chalets

maisons d'en haut

© 2002 Libris
Tous droits réservés pour tous pays
ISBN : 2-907781-78-2

Maquette : Gabriel Mathé

Libris
21, rue de la Tuilerie, 38170 Seyssinet
libris@libris.fr
www.libris.fr

Jean-Marc Boudou

Chalets

maisons d'en haut

LIBRIS

Sommaire

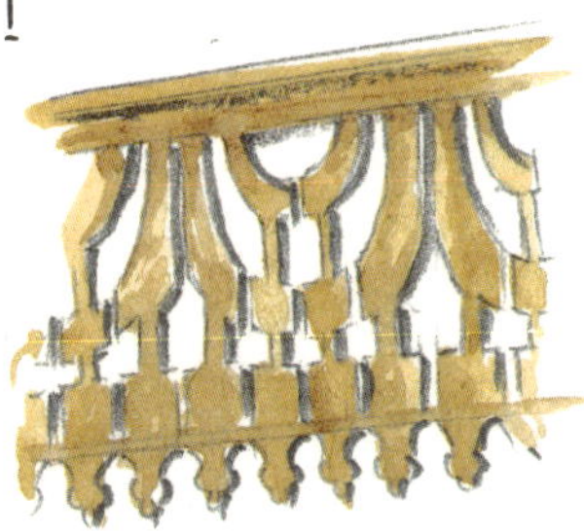

MAISON D'EN HAUT

« C'est quoi un chalet ?
-- Ben, c'est une maison d'en haut, tiens ! »

Je construisais une maison en empilant des bûchettes,
j'avais cinq ans ...
Ce mot d'enfant m'a suivi longtemps,
puis s'est perdu jusqu'à mon adolescence.

Là, logé chez des amis de mes parents
lors d'un séjour dans les Alpes,
ceux-ci me le remirent en mémoire :
« chalet, maison d'en haut ».

Devenu « grand », père à mon tour de deux enfants,
il me revint comme une évidence
dans des circonstances que je n'aurais jamais imaginées.

Et cela me permet de croire que, depuis l'enfance,
il n'y a pas de hasard ...

Comme un Rêve de Gosse…

Gamin des villes,
pour horizon des facades lisses et grises,
pour évasion les images « du chocolat »
que je collais dans un gros album…

Mais aussi mes livres de géographie
à la page des « montagnes jeunes »
et les gravures sur les murs de la classe…

L'oiseau bleu partait souvent
en direction des cimes enneigées !

NOËL

Un rêve de construction
comme on en a tous rêvé...

Car je sais que vous l'avez eu,
vous aussi,
ce jouet de bois.

Vous l'aviez découvert un matin de Noël
au pied d'un sapin immense.

Vous l'aviez construit,
puis vous l'aviez habité...
en rêve.

Habité

Et c'est ainsi que des mains d'enfants
réinventent la vie au chalet,
retrouvent d'instinct la place de chaque chose ...

Toutes les pièces,
pièces de bois ou pièces d'habitation,
existent par elles-mêmes et par les autres.

D'origine paysanne (l'Histoire encore)
le même principe régit toujours l'ensemble :
• le « végétal » abrite le « végétal »
(la partie haute conserve le fourrage)
• alors que le « minéral » loge l'« animal » et l'« humain »
(le soubassement accueille bétail et habitation).

Mais ce n'est là qu'un principe ...

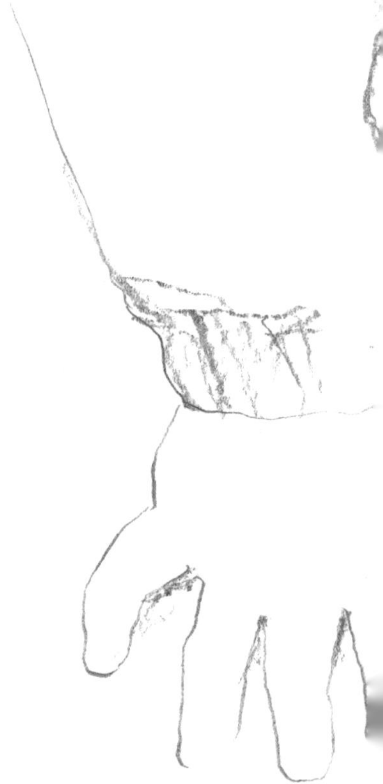

ESPACE PARTAGÉ

Hommes et bêtes faisaient parfois couche commune !
Hivers rigoureux, besoin de chaleur
et soins aux animaux
rapprochaient inévitablement ce petit monde.

Promiscuité chaleureuse ...
et odorante !

Aux premiers bourgeons,
on s'installait dans une autre partie du bâtiment
et on préparait les fromages
qu'on entreposait dans la cave ...

Ainsi allait la vie des alpages.

Construire

Devenu plus habile,
on m'offrit en cadeau
une boîte de briquettes à assembler ...
et mes talents de bâtisseur firent le reste !

Sur le modèle de mes images,
j'avais maintenant les pierres et les bois ...

Je construisis donc de très beaux chalets,
me fis tour à tour maçon,
charpentier,
couvreur,
puis éleveur de vaches et de poules.

Celles-ci prenaient visiblement plaisir
à brouter et picorer la toile cirée !

ALMANACH des PTT
Brico

MATIÈRES

Compliqué à construire le chalet ?
Non, pas dans son principe de montage ...
plutôt un habile jeu de construction.

Un soubassement de pierres
disponibles à proximité (éboulis, carrières ...)
sur lequel on élève des bois
empilés et calés (épicéas, pins, mélèzes ...).

Matériaux empruntés au milieu naturel.

(L'historien nous apprend que l'habitat de pierre nous viendrait du Sud
alors que le modèle de maison de bois descendrait du Nord ...
Les Alpes, terre de rencontre !)

Et quelques géraniums !

Pierres ...

... ancrées au sol, à la pente ...
Chalet accroché de toute la force de son assise !

Toutes pierres alentour en constituent les murs :
on prélève sur le terrassement même, au lit de la rivière en bas,
dans l'éboulis tout proche, dans le pré qu'on épierre ...

On mélange parfois,
et les mains rugueuses créent alors
un curieux patchwork minéral,
calcaires et granits,
molasses et schistes,
grès et tufs,
marbres parfois ...

Quand on ne crépit pas certains pans entiers de mur au mortier de sable, de chaux ou de terre argileuse...

Montage

Pierres empilées
et bien ajustées
pour les murs de soutènement
et les conduits de cheminées...

gris rouillé,
la pierre s'habille
de mousse.

L'arc de décharge
en pierre allège
le travail du bois
sur cette fenêtre
au ras du sol.

... en arc de cercle
pour les voûtes
et les encadrements...

… décalées en escalier
ou à plat en dallage …

Grandes dalles
de pierre pour
les emmarchements

… décorées aussi,
quand le porte-monnaie le permet,
de rosaces ou de visages sculptés,
voire de la date de fabrication
de l'édifice.

Bois

Ressource naturelle des forêts,
issu d'un savoir-faire
indispensable maintenant d'un savoir-vivre,
le bois attire l'oeil et la main.

Pour bâtir,
on prélève donc alentour les essences
dont on a besoin : épicéa, pin, mélèze, orme ...
et on s'applique à abattre et à débiter
aux bonnes lunaisons,
ce qui assure qualité, résistance et conservation ...

Observation et bon sens des ancêtres !

EMBOÎTEMENT...

... et jeu de construction !

Matériau rigide mais vivant,
le bois s'assemble de la plus simple des façons :
les troncs conservés en rondins
ou débités en madriers (poutres)
sont assemblés par emboîtement à mi-bois.

Travail des mains et plaisir des yeux,
cet angle formé est le caractère même du chalet,
et c'est bien lui que la main de l'enfant
prend plaisir à fabriquer !

ASSEMBLAGE encore...

... des bois, en longues parois.

On empile alors les madriers
dont les extrémités effilées
sont tenues dans un poteau rainuré.

C'est la « construction à colonne ».

On peut aussi maintenir
les parois par deux longues
cales verticales,
maintenues elles-mêmes
par des clavettes
et des chevilles
de bois.

COULEURS

Magie du vivant, le bois se laisse teinter par le temps ...

Du blanc d'argent
au gris bleuté des glaciers ...

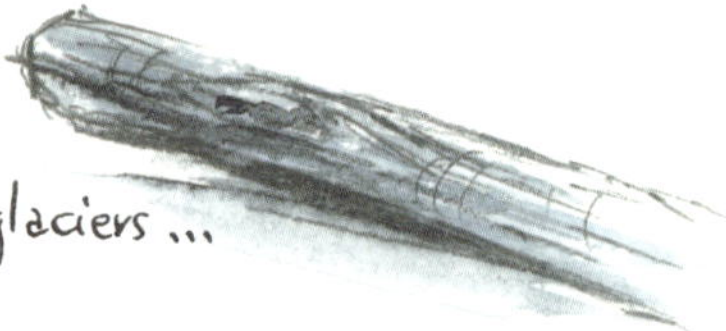

Des jaunes paille
aux blonds cendrés ...

Des bruns cuivrés
aux ocres de Ru ...

Des terres d'ombre
naturelles
aux ombres
brûlées ...

C'est toute la vie
qui colore les bois !

Comme un Rêve d'Ado…

Cet été-là, dans les Alpes,
découverte de la montagne,
des pentes,
des cimes…
découverte de la marche,
de l'escalade,
de l'effort…
et du bonheur simple d'être là,
de rester là !

DÉCOUVERTE

Rêvé,
tant rêvé
ce chalet de la page 49
de *Premier de cordée*
de Roger Frison-Roche,
dans son édition de 1941,
du temps où je vivais
autant que je rêvais la montagne ...

Je l'ai tant regardé ce chalet
que je saurais en dessiner
chaque lauze du toit !

Histoire

Mais qu'est-ce qui a poussé les hommes
à s'établir si haut ?

« les invasions », soulignera l'historien.

Le berger répondra : « les pâtures ».

« Ma naissance, tout simplement », dira l'autochtone !

Mais encore :
« l'air, la grimpe, la glisse » entend-on maintenant...

Authentiques petites fleurs des Alpes !

Et pourquoi pas,
même si l'on ne cultive plus
« l'authentique » aujourd'hui
comme du temps de Pagnol
en Provence !

Situation

Perché là-haut, ou caché
dans des vallées difficiles d'accés,
on craignait davantage les catastrophes naturelles
que les agressions des hommes.

De là ces emplacements protégés des vents,
de la neige et du froid,
des éboulements et des avalanches ...

De là cet habitat groupé en bourgs de vallée
et cet autre, clairsemé, bâti à flanc de montagne,
exposé en hameaux de quelques maisons
ou chalets seuls, accrochés à la pente ...

Adapté

Couleurs « d'en haut »

Chalet posé sur un replat, en bordure de rivière
ou chalet agrippé aux escarpements
des plus hauts alpages,
chalet adapté à son milieu...

Le bâti de bois, forestier,
prélevé dans la forêt proche,
le chalet de vallée

laisse peu à peu la place, en montant,
à une construction à l'image du paysage,
minérale,
le chalet d'alpage.

Chalet, reflet du terroir.

ouleurs « d'en bas »

Diversité

On dit des chalets
comme on a dit des hommes :
« tous parents, tous différents ! »

Du mariage volontaire
du minéral et du végétal
sont nés mille et mille chalets,
façonnés par des générations de paysans
et tous produits d'un terroir particulier.

Chacun son utilité,
chacun sa personnalité ...

Queyras,
chalet constitué
de 3 modules :
l'étable, le fenil (fuste)
et l'habitation (coset) -

ABONDANCE,
chalet double
accueillant 2 familles -

TARENTAISE,
chalet d'alpage
entièrement
en pierre -

BEAUFORTAIN,
chalet classique
dont le rez-de-chaussée
abrite gens et bêtes -

VANOISE
chalet de pierre dont la grange occupe 2 étages -

RURAL …

… forcément,
à ces petits détails qui ne trompent personne !

Au-dessus d'une porte,
nichée dans les géraniums,
une Vierge sculptée …

Contre un mur
ou près de la porte
de la grange,
une brouette de bois
pour sortir
le fumier…

Le « fenestron »
de l'écurie
sert de déversoir
à purin ...

L'entrée commune
aux hommes et aux bêtes
(la port'na) ...

mais on y accole
aussi une échelle
à poules !

ALPAGISME…

… ou de la véritable utilité
du chalet de montagne !

Autrefois, ce dernier était intimement lié
à l'élevage et au cycle annuel
de la transhumance. Toute l'économie
des alpages en découlait.

L'hiver à peine fini, en <u>avril</u>,
les hommes commencent les travaux
des champs : labours, fumage,
plantation, arrosage…
Si la neige est encore là, on épand
du fumier dessus.

Aux premiers vrais beaux jours,
aux alentours de <u>juin</u>, on monte
le troupeau en moyenne montagne,
vers mille mètres d'altitude…

On « fait » aussi les premiers foins.

A la <u>mi-juillet</u>, les bêtes grimpent encore
aux alpages les plus élevés.
Tout l'été, le travail ne manque pas :
surveillance des troupeaux, traite,
fabrication des fromages, fauchage encore ...

Il faut aussi descendre le foin aux granges.

<u>Octobre-novembre</u>,
aux premières neiges parfois,
on entend les sonnailles
et les claquements des sabots
traverser les villages ...

C'est la descente (des troupeaux).

Rétives parfois, après avoir trop goûté
à la liberté, au grand air,
les bêtes s'installent à l'étable
pour de longs mois ...
Le travail de l'homme ne s'arrête
pas pour autant : soigner les animaux,
réparer aussi, fabriquer encore ...

Une année est passée, de labeur ...

Comme un Rêve de Grand...

« Dis donc, il y en a un à vendre
juste au-dessus de chez le Père Etienne,
vous voulez venir le voir ? »

Tiens, bien sûr que nous voulions !

Deux jours après cet appel,
nous étions dans les Alpes, dans <u>nos</u> Alpes,
et nous visitions un chalet en essayant,
chose difficile, de rester objectifs...
(Ah, il y aura quelques ancelles à changer...
tiens, les fenêtres côté nord ne semblent pas
en très bon état...).

Mais les deux garçons rêvaient déjà,
et les « Grands », secrètement, aussi !

Plus tard,... affaire conclue,
le rêve devenait réalité !

Adoption

Un soubassement en pierre de pays,
de petites ouvertures ménagées dans les façades de bois,
un solide balcon aux palines ouvragées
surmonté d'une vaste toiture d'ancelles,
le chalet semblait nous attendre là
depuis toujours ...

Même les bûches se languissaient de leur prochain hiver...

FAMILIER DÉJÀ ...

... grâce à cette lourde porte
qui nous accueille
dès notre arrivée,
nous donne aussi accès
à la culture montagnarde,
rude ... et sensible.

Agrémenté de boiseries
ou de ferronneries sculptées,
(simplicité et richesse des motifs)
le bon sens n'en oublie pas pour autant
l'aspect massif des panneaux
et la solidité des serrures.

Accueillant, mais sur ses gardes ...

Protecteur de ses occupants,
(les Alpes étaient lieu de passage)
le chalet sait aussi recevoir
le visiteur à la mesure de
l'effort qu'il fournit pour
accéder à ces lieux -

INSTALLATION...

... des hommes et... des fleurs !

À notre arrivée, les amis nous offrent
des géraniums
en guise de bienvenue.

Avant même la table et les fourchettes,
nous installons les jardinières
au balcon
et en suspendons deux pots bien fleuris
à l'entrée.

Très vite, le chalet prend un air
« habité » !

La tradition est respectée.

Bricolage

« Papa, tu nous aides à construire une boîte à lettres ?
- Une boîte à lettres ?
- Oui, en forme de chalet !
- Pourquoi pas, c'est une chouette de bonne idée ! »

Plantée sur un poteau ou posée sur une pierre plate, vernie ou peinte, chaque jour elle souhaitera la bienvenue au facteur...

EMERVEILLEMENT

Nous restons plantés là, au balcon,
sans oser y croire
tellement le rêve est beau !

Face à nous se déroulent champs et forêts,
pentes et plateaux,
pics et vallées ...

Nous allons enfin « vivre » la montagne
au fil des saisons !
(il faudra bien s'adapter,
belle gageure ...)

Autres noms du balcon : la galerie ou le solaret, et quand on profite de quelques instants pour lézarder à cet endroit, on saisit toute la subtilité du terme !...

PALINES

« Papa, regarde par là,
c'est plus beau ! »

A hauteur d'enfant, à travers
la découpe des palines,
le paysage s'encadre
naturellement !

« Descends vite chercher
l'appareil photo...
– D'accord mais c'est moi
qui la prends ! »

En forme de lyre ...

Hommage à la forêt ...

Tout en courbe ...

Comme un lierre qui grimpe ...

Travail du bois toujours, et caractère appuyé du chalet (avec l'empilement des rondins...) Une jolie balustrade au décor ouvragé – Elle est l'unique élément esthétique visible que l'on s'autorise ; et encore, ce n'est pas pour faire riche mais plutôt pour égayer une façade un peu austère ...

Trèfles porte-bonheur !

Comme des colliers ...

FORMIDABLE BOIS ...

... qui isole ou qui réchauffe,
que l'on taille,
que l'on sculpte,
que l'on plante et qu'on empile ...

si différent de nous
et pourtant si proche.

Ce matin, nous avons reçu
l'avis de baptême du chalet :
« Maison d'en haut ».

Taillé dans une belle planche de mélèze,
son bord festonné se mariera bien
avec les palines du balcon.

Quand l'aération de la grange devient décoration…

Art populaire ou art religieux, l'art du bois est bel et bien pratiqué au chalet de montagne.

C'est d'ailleurs à travers cet art que l'artiste confère une âme à l'habitation.

Mais hormis l'utilité de certains décors (les aérations à motifs des panneaux de grange) on se gardera de rire de celles, moins avouables, qu'on accordait à tel symbole ou telle face de diable !

Un art, donc, mais pas si désintéressé que ça !…

Têtes sculptées en bout de poutre

Croix sculptée « intégrée » à un pilier

Sous toutes ses formes !

Chalet habité...
et ventre habité !

Nous le savions à notre installation
et tout arrive en même temps :
la famille va bientôt s'agrandir !

Profitant du repos de maman,
Jérémie pose un chalet-porte-clés,
une vache et une jolie sapinière
sur le ventre arrondi ...

« Papa, viens voir mon paysage
de montagne.
- C'est vrai, c'est très beau,
mais il me semble qu'il bouge un peu,
ton paysage !... »

Un petit souvenir des Alpes.

Le chalet-baromètre (quand le petit bonhomme et son parapluie sortent, c'est la fête ... à la grenouille !)

La boule « qui fait de la neige ». (l'hiver à la montagne à portée de... retournement de poignet).

Le chalet-cendrier. (On le croit habité quand la fumée sort de la cheminée !)

Et le chalet-porte-clés... porte bonheur !

MAZOT …

… cette petite bâtisse, là-haut,
sorte de chalet en réduction
occupant le haut de la pente
et que les enfants s'approprient
au plus vite !

« C'est chez nous ! »

Plus tard, on le restaurera un peu,
on le meublera …
refuge temporaire pour les amis
« échoués » chez nous !

« Biens » cachés !

La récolte de grain …

Les légumes conservés au frais …

Jambons et saucisson

Le vin et le fromage …

Le miel et la confiture …

Les habits du dimanch

Bijoux et pièces de monnaie cachés dans une boîte en fer …

Le mazot était autrefois une vraie caverne d'Ali Baba !

Bâti à l'écart
ı chalet principal,
onc moins sujet
ıx incendies ou
la rapine, ce grenier
rvait à « cacher »
biens les plus précieux…
ujourd'hui, point de grain
ais quelques « couches »
oelleuses !

Réparations

L'ami Jean-Pierre est venu m'aider
cet après-midi ...

Il faut, avant l'arrivée des froids,
changer les quelques ancelles bien abîmées.

Quand elles auront fait leur temps,
dix années à subir les assauts
des vents, des pluies et des neiges,
on les retournera ...

La taille des ancelles

On débite d'abord une bille de bois (épicéa ou mélèze) dans une scierie, à la longueur voulue (80 cm).

La taille s'effectue ensuite à l'aide d'un départoir et d'une bonne dose ... d'huile de coude !

Couvertures

Ardoise, lauze pour la toiture de pierre,
chaume, ancelles et tavaillons pour les toits de bois,
tôle ondulée, plus moderne et surtout plus pratique,
dont la rouille arrive à « fondre »
le métal dans le paysage…

Chaque matière utilisée pour la couverture du chalet
répond à des impératifs de proximité…
et pécuniaires !

L'ancelle est une tuile de bois d'environ 80 x 15 cm, non clouée, alors que le tavaillon, cloué, est moins long, 40 x 15 cm environ. Sa durée de vie est double de celle de l'ancelle.
Sans oublier l'essendolle de taille intermédiaire !

Tableaux

Gris de Payne parsemé
de taches et de lignes blanchâtres
sur vert tendre ...
(les ancelles retenues par des bois et
des pierres sur des prés de fauche).

Gris bleu
parfois orangé de lichens
sur fond vert sombre ...
(les lauzes en forêt).

Gris bleuté à coulées brunes
sur bleu de Prusse ...
(la tôle ondulée à la fonte
des neiges).

Gris sombre sur
sur les jaunes paille ...
(l'ardoise sur l'herbe rase).

On dirait que chaque couverture
signe, par sa teinte et sa forme,
l'implantation de l'Homme
dans le paysage.

Fumées

La bourne, ou bouerne, tel est le nom
donné à cette cheminée typique des chalets,
haute, large, visible à cent lieues
lorsque de hautes fumées s'en échappent
dans un ciel bleuâtre d'automne,
ou bleu plus profond d'hiver.

Recouverte d'ardoises ou, plus souvent, de tavaillons
de bois, son sommet est coiffé d'un ou deux pans,
amovibles de l'intérieur du chalet.

Bien sûr, saucisses, jambons et autres viandes
avaient leur place dans le conduit ;
une fois bien fumés, prêts pour la conservation,
ils faisaient et font encore honneur
aux tablées de skieurs.

Le bois n'est pas le seul matériau des cheminées alpines, la pierre en est aussi un élément important, du conduit jusqu'à la coiffe, constituée parfois d'une seule pierre plate...
Un seul impératif, tenir compte des vents violents qui pourraient l'endommager.

REFUGE ...

... pour qui se protège des bourrasques
de vent, de pluie, de grêle, de neige ...

Au chalet, la toiture se prolonge, s'avance,
couvre l'entrée principale,
les fenêtres, le balcon,
la baie vitrée aussi.

Ainsi, la montagne s'offrira à nous
mais nous n'en subirons pas
les humeurs ...

enfin, pas trop !

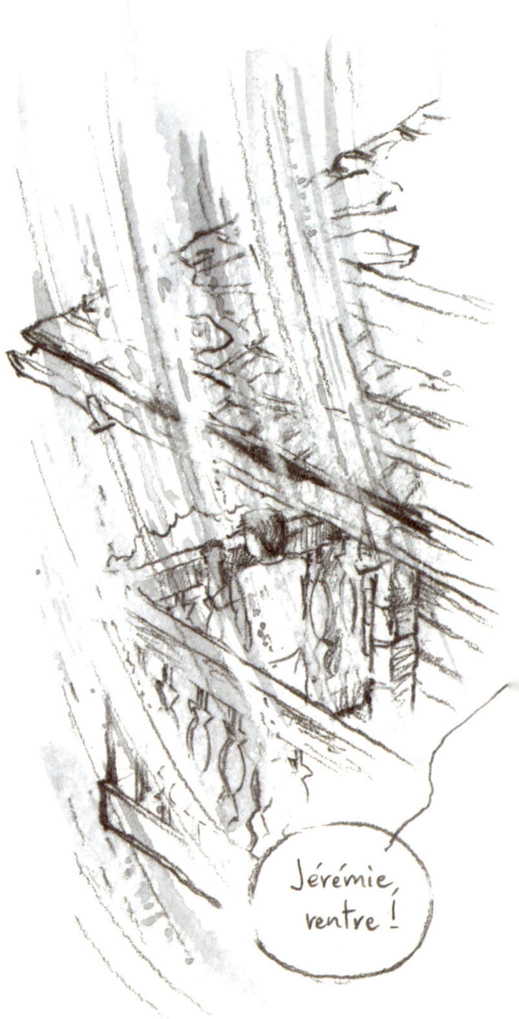

Larage débord des fermes ...

Avancée sur poteaux ...

Avancée sur chevrons coincés
créant une rupture de toit ...

Avancée
sur console
scellée au mur
ou supportée
par un poteau
de bois.

Protéger les ouvrants,
maintenir le bois de chauffage
à l'abri, circuler et bricoler
à l'extérieur par mauvais temps ...
les raisons de faire déborder
une toiture ne manquent pas !

CUISINE ...

... à l'ancienne !
Sans doute la pièce qui a le plus changé
en une ou deux générations.
Nos ancêtres n'y retrouveraient plus
leurs petits !

La cuisine était autrefois la pièce « à vivre »,
meublée simplement de lourds meubles massifs
tels la longue table à tiroirs
et les deux bancs qui l'encadrent.
Un vaisselier parfois, une chaise paillée ou non
près du poêle qui ronronne souvent
et on a fait l'inventaire
des meubles de cuisine !

... Nous restent à chiner :

La toupine
pour conserver
le beurre ou
le saindoux.

La caffe,
longue louche de cuivre
ou de laiton servant
à puiser de l'eau.

La boîte à sel
sculptée et à
couvercle
mobile.

Le moule à beurre
creusé dans une pièce
de bois massif.

Et quelques couverts
également en vrai bois
d'arbre !

La table-buffet remplace parfois la table de cuisine. Maintenu par un loquet de bois, le plateau refermé ménage un grand espace libre ...

Repas avec vue !

De « pièce à vivre », la cuisine
est devenue « lieu de passage »
(sauf pour la cuisinière !)

On y « petit-déjeune » le matin,
sur le pouce quand le temps s'accélère
et que les enfants « traînent » sur leur bol,
déjeuners et dîners y sont également préparés.

Mais le lieu où l'on s'installe,
c'est la grande pièce, le séjour,
plus lumineux et surtout plus vaste,
où la montagne s'invite à chaque repas !

Les enfants l'ont bien compris
qui font des projets chaque fois que
nous passons à table ... (cueillette de
champignons, de framboises, de noisettes ?...)

EVÈNEMENT (heureux)

Lumière d'automne...

Ce soir,
nous serons cinq au chalet !

Magnifique !
Sylviane et Alex nous rendent déjà
visite et nous offrent un <u>bri</u>,
berceau de bois dur à balancelle,
commandé de longue date au Père Étienne ...

DORMIR ...

... au chalet, « dans le temps »,
se faisait dans des conditions bien différentes
de celles que nous connaissons aujourd'hui :
paillasses à quelques mètres des bovins,
lits surélevés pour glisser des moutons dessous
et fermés par des panneaux amovibles
ou de lourds rideaux ...

Comme dans d'autres régions, le coucher des hommes
était souvent au plus près du coucher des bêtes,
on bénéficiait ainsi d'une chaleur peu coûteuse (!)

Aujourd'hui, ce genre de couchage ne se trouve plus
que dans les musées,
le chauffage central est passé par là !

C'est sûr, on devait très bien
dormir avec des moutons sous son lit
même s'ils étaient sûrement
très vite comptés !

Bricolage

Pour donner de l'espace à
ıne pièce sans fenêtre ...

ourquoi ne pas recréer
n décor en installant un
ncien bâti derrière
equel on peindra un
aysage montagnard ...
L'avantage en est qu'on
eut changer de paysage
u gré de ses humeurs.

Intimité

Beau temps, mais froid ...

La neige est tombée en abondance ;
nous sommes entrés, cette nuit,
dans l'hiver ...

Imagine le bonheur des enfants !

Les amis se sont invités, l'aubaine ...
(il a fallu déneiger l'entrée,
ils ont fait le chemin depuis la route
à pied !)

Le repas terminé,
tout le monde sur la luge
sauf Estelle et le bébé,
ainsi que le gros chien qui,
visiblement, préfère « surveiller » le feu !

Mobilier

Chiné dans une brocante,
ce banc-coffre pas trop abîmé
est simplement décoré de trois rosaces.

Il trouvera sa place dans le séjour
ou deviendra coffre à jouets...

Décoration

Rouelles, rosaces, coeurs...
autant de motifs traditionnels
qui agrémentent panneaux et
portes des meubles savoyards.

Bouleau, érable, tilleul, pin
cembro... de nombreux bois se
prêtent à la sculpture pourvu
qu'on respecte quelques règles,
tels l'importance des temps de
séchage, le sens de la fibre,
la fermeté du geste, etc.
Et avec un peu d'habileté et
de patience...

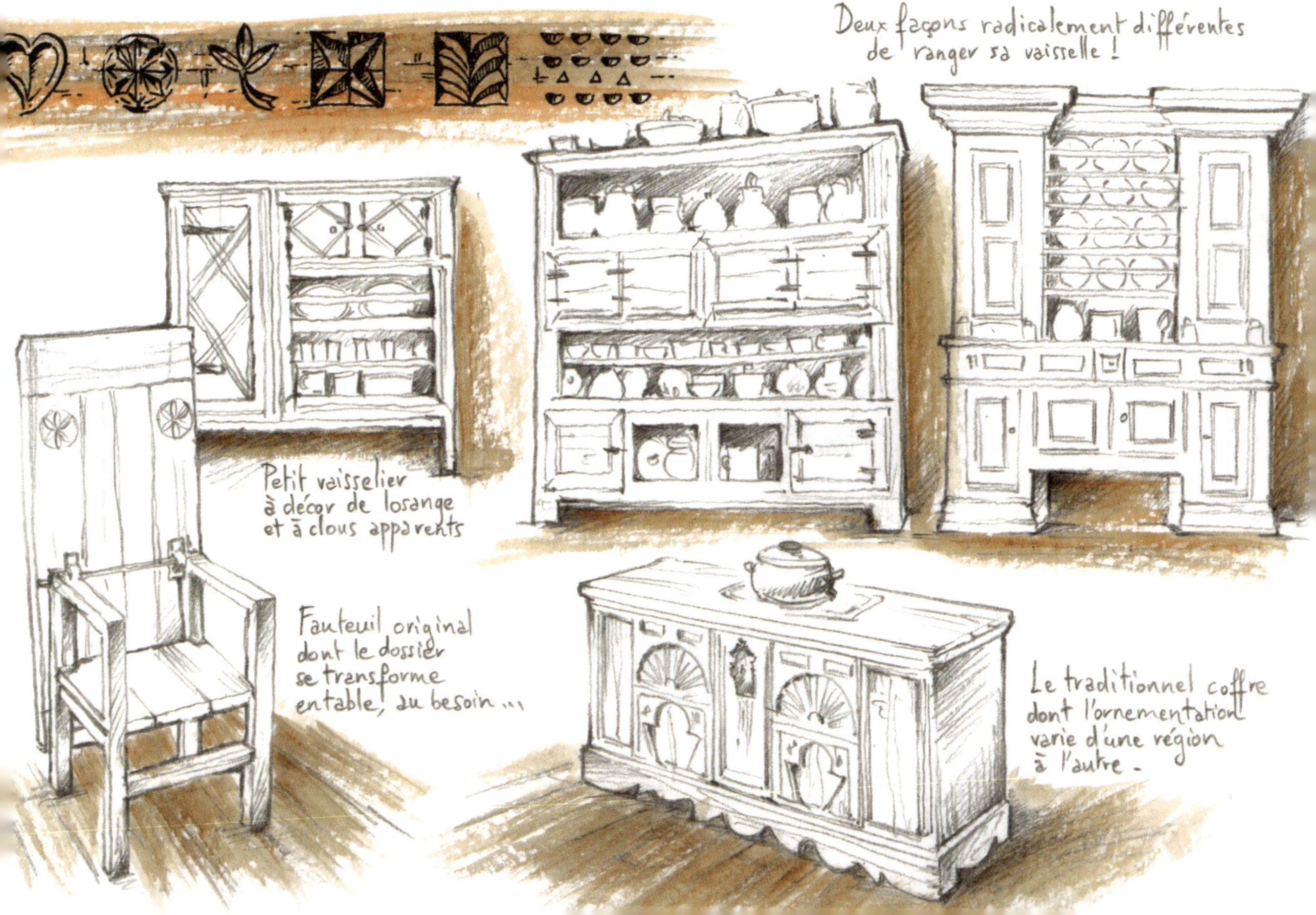
Deux façons radicalement différentes de ranger sa vaisselle !
Petit vaisselier à décor de losange et à clous apparents
Fauteuil original dont le dossier se transforme en table, au besoin...
Le traditionnel coffre dont l'ornementation varie d'une région à l'autre.

Décoration

Avec l'arrivée de l'hiver,
calfeutrés au chalet
comme les marmottes dans leur trou,
nous habillons les murs,
les meubles, les étagères
de mille petits objets
accumulés au fil du temps,
achetés dans les brocantes
ou bien fabriqués avec l'aide précieuse...
des enfants !

Objets usuels d'une vie révolue,
objets de décoration typique
d'un passé pas si lointain,
objets d'ailleurs aussi, pourquoi pas...

Chacun s'accommodera de sa nouvelle place,
pour un temps...

Bricolage

Le style d'une pièce, hormis les murs et l'ameublement, se révèle dans une multitude de détails sur lesquels se pose le regard.

L'éclairage est souvent le parent pauvre de la décoration. Le bois recèle pourtant quelques ressources faciles à exploiter en la matière.

Ainsi, pour créer un éclairage indirect, pourquoi ne pas le dissimuler derrière un bandeau festonné...

L'avantage de cet éclairage est aussi de mettre en relief les veines des planches d'habillage des murs.

OBJETS D'USAGE
ou OBJETS DÉCORATIFS ?

Une collection de poterie
à la céramique cérusée...

Un cadre
de bois
pour
une carte postale
ancienne ...

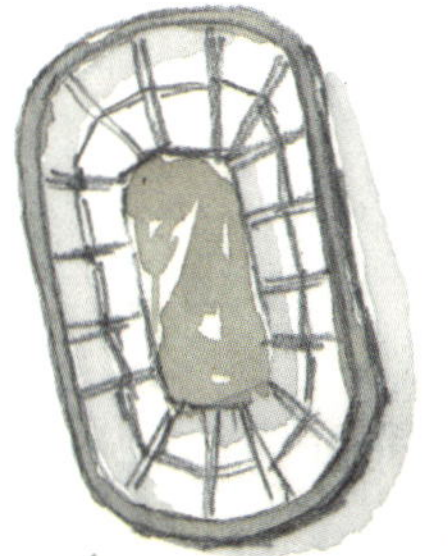

Les raquettes
et les skis de bois
de l'aïeul...

Les clarines,
dont chaque forme
donne un ton particulier
et les toupins
(courroies) cloutés
ou brodés ...

Les ustensiles
de cuisine en bois.

Remise

Surprise !

Trouvée dans un coin de la remise,
derrière un fouillis de planches,
une drôle de gloriette portable
qui a dû protéger de belles heures
de tranquillité et de lecture ...
Elle servait depuis trop longtemps
de cache aux araignées !

L'ancien propriétaire, qui bricolait le bois,
devait mettre à profit les longs jours d'hiver
pour « inventer » son mobilier
ou préparer les cadeaux futurs ...

En attendant aussi des jours meilleurs !

Bricolage

Avec un peu de patience, de courage, et surtout quelques madriers coupés à la bonne taille, ainsi que quelques planches, pourquoi ne pas se lancer ?...

La remise est à la fois atelier et entrepôt... On y trouve donc tous les outils pour faire soi-même les réparations mais aussi tout un capharnaüm de matériaux divers et variés !

Outils...

... à tenir, serrés dans la main.
Cette gouge, ce ciseau,
ce rabot aux bois patinés,
aux fers un peu émoussés,
noircis parfois de la sueur de l'homme,
celui qui, à force de labeur,
a fini par les « faire » à sa main.

C'est une grande émotion
que d'examiner chaque pièce et, parfois,
d'en deviner l'utilité.

Mais passés ces premiers instants,
l'outil se laisse apprivoiser
et ne demande qu'à reprendre du service !

UTILES ET BEAUX...

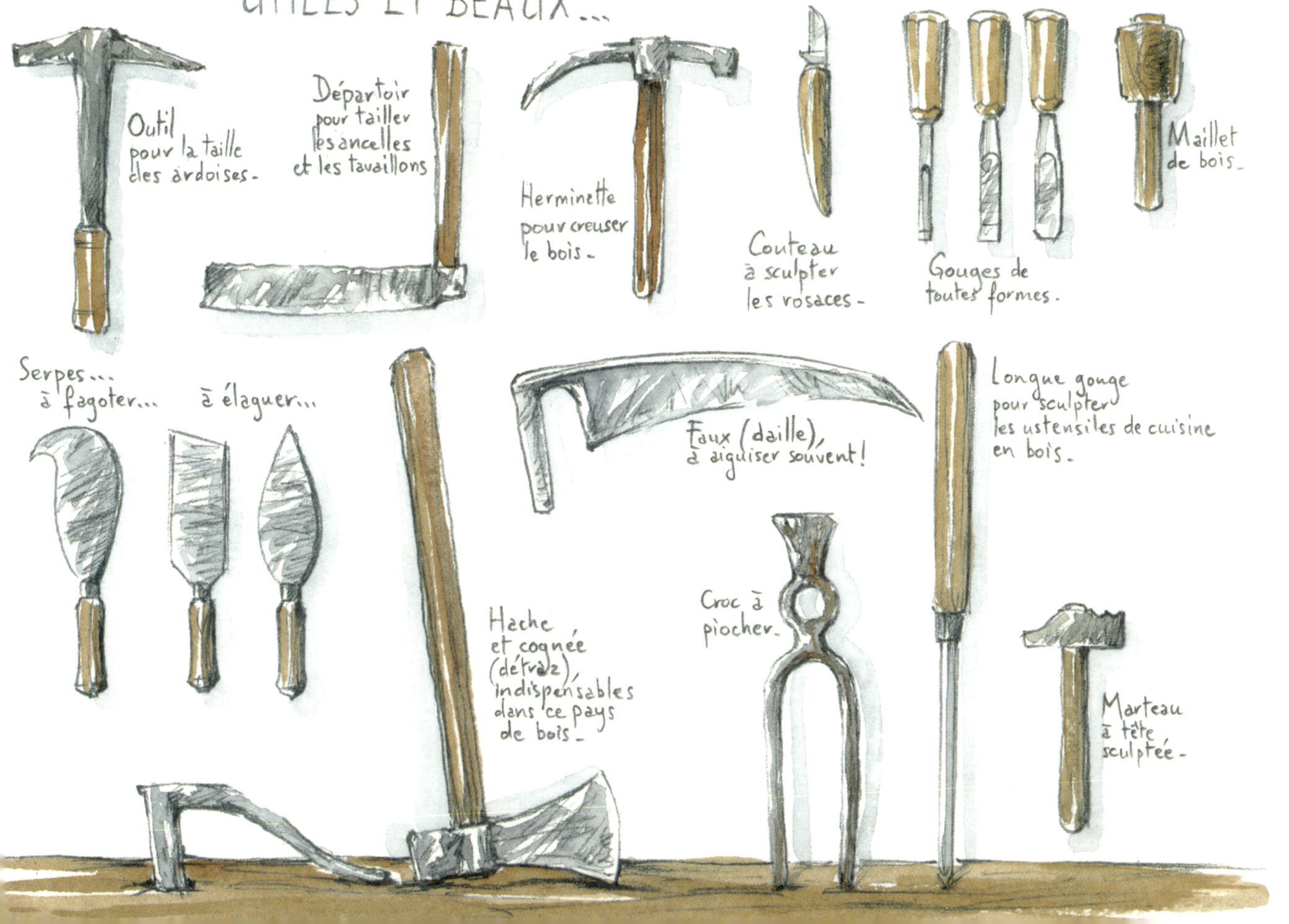

NEIGE

Vivre DANS le paysage, s'y intégrer...

Pas une « gouache » d'image de chocolat
ou de livre d'école,
pas une photo pelliculée de calendrier des postes,
pas même besoin de retourner ce paysage
pour le couvrir de neige !...

Vivre le froid piquant et son haleine en buée,
vivre l'effort de « brasser » la neige
et le plaisir de glisser ...

Vivre son rêve
et savoir qu'il va durer ...

Vite, il faut aller chercher le pain pour midi !

Une bonne année…

… au chalet !

« – J'en ai eu un, papa,
j'en ai eu un ! »

Comment parler du bonheur
quand il est là ?

J'ai cherché longtemps
à capturer ces instants…
Les écrire, les photographier,
j'ai tout essayé…

Un jour, j'ai compris que l'important
était d'avoir des Rêves…
puis de tout faire
pour les réaliser.

Merci à Hubert, pour ce magnifique projet,
à Jean-Marc, pour ses belles images,
à tous ceux, que je ne connais pas,
qui m'ont aidé dans ma documentation,
à mes relectrices préférées,
et à Evelyne pour sa patience ...

Achevé d'imprimer en CEE
Dépôt légal : Octobre 2002